ELFAR SKÁLD

REVIENS ME LIRE QUAND TU VEUX !

Recueil de poésie

© - tous droits réservés - 2024

PRÉAMBULE

Novembre 2024, le temps hivernal se fait attendre.
Depuis quelques jours, une petite chute de température permet de s'acclimater doucement.
Pour booster l'activité de votre organisme, certains vous proposent des jus de fruits bourrés de vitamine C, d'autres vous suggèrent des émissions télévisuelles, d'autres vous soumettent des gélules miraculeuses.

Pour ma part, je vous propose quelques poèmes à découvrir, à votre rythme.
Venez traverser les vers poétiques des ces quelques pages en toute souplesse instinctive.
Laissez-vous porter durant un bref instant dans une sphère étrange: un cortex de l'imaginaire façonné à travers des balades lacustres alpines et des nuits pensives esseulées.

« Reviens me lire quand tu veux ! » est une invitation personnelle du livre aux âmes éperdument amoureuses de la littérature contemporaine.

Bonne découverte.

Elfar

Oh, Molly !

Elle est comme un arc-en-ciel.
Dans ma vie quotidienne.
Elle est comme « venue du ciel ».
Avec sa sphère vénusienne.
Oh, Molly !

Un style de Seventies parfait.
Pour donner le plus bel effet.
Musicienne jusqu'aux os.
Sa vie, ses envies, son tempo.

Inspiratrice et impératrice.
Elle protège des cicatrices.
Elle désarme par spontanéité.
Rendant jalouse toute divinité.

Elle est comme un arc-en-ciel.
Dans ma vie quotidienne.
Elle est comme « venue du ciel ».
Avec sa sphère vénusienne.
Oh, Molly !

Elle parle souvent avec le cœur.
Insufflant des onces de bonheur.
Elle défend avec de la conviction.
Les droits et les émancipations.

Son « Flower Power » inspirant,
Est sa drogue de temps en temps.
Elle câline mon corps par envie.
Seule ou bien entre doux amis.

Elle est comme un arc-en-ciel.
Dans ma vie quotidienne.
Elle est comme « venue du ciel ».
Avec sa sphère vénusienne.
Oh, Molly !
Molly est une ravissante anglaise.
Une frimousse pleine d'anglaises.
Une philosophie pleine de tendresse.
Pour des jours submergés d'ivresse.

Alors amusons-nous « pour toujours ».
Ainsi vont et viennent nos belles amours.
Le plaisir d'être heureux dans la vie,
Se tient dans le prénom « Molly ».

Elle est comme un arc-en-ciel.
Dans ma vie quotidienne.
Elle est comme « venue du ciel ».
Avec sa sphère vénusienne.
Oh, Molly !

Comme mon dernier

Je m'arrête ici quelques instants.
Pour observer le coucher du soleil.
Une beauté exquise du moment.
Avant la venue prochaine du sommeil.

Un merveilleux moment pour la Paix.

Je m'arrête ici quelques instants.
Pour atténuer mon passé bien lourd.
Amoindrir les blessures d'avant.
Une vie humble, en manque d'amour.

Un acte indispensable pour la Paix.

Les cigarettes ne m'ont pas aidé…
Et les bières ne m'ont pas forcé…
J'ai vécu en toute indépendance.
J'ai brûlé toutes mes espérances.

Voilà comment déambuler dans une vie.
En étant différent, déboussolé, incompris.
Voilà comment débarouler dans une vie.
Que l'on a pas voulue, que l'on a pas choisie.

Regarder le coucher du soleil comme mon dernier.

Au royaume des roses

J'aime le long silence entre les mots.
Cette liberté totale, toute en suspension.
Des souvenirs saccadés en bibelots,
Où la poussière appose son onction.

Je n'ai guère envie d'un autre univers.
Ailleurs est mieux, mais où est ailleurs ?
Les photos jaunies dans leur vieille ère.
Ce papier glacé du bonheur, du malheur.

Au royaume des roses, règnent les épines.
Alors la solitude m'est toute trouvée…
Je préfère être « out » qu'être « in ».
Une vie banale, différente, démodée…
Au royaume des roses, règnent les épines.
Adieu l'attitude genrée, de l'ère masculine.
Je préfère être seul avec mes héroïnes rêvées.
Que de finir sur un bûcher, torturé ou brûlé.

J'aime le silence long face aux maux.
C'est ma liberté, mon mode de compassion.
Dans la grande pièce, ma vie en tableaux.
Une toile pour chacune de mes déceptions.

Je n'aime guère les retours en arrière.
Avant c'est mieux, mais où est avant ?
Les souvenirs réconfortant ma petite sphère.

Vivre sans idéaux, centré sur l'instant

Féerique

Les larges sourires de la joie.
D'une jolie blonde à la télé.
Son regard pétillant par l'envie.
Expliquant son long chemin.

Les galères, les obstacles, quotidiennes.
Les embûches, les coups bas, les peines.
Putain d'Humanité à géométrie variable.
Ce monde aigri devient insupportable.

Alors, je te souhaite que tout aille bien.
Petite âme apportant dans le quotidien:
De l'humour, par ton enveloppe artistique.
Berçant les cœurs d'autrui, féerique….

Les paroles posées par sa foi.
Le visage doux d'une poupée.
Mesurant les ressentis sur sa vie.
Vient le merveilleux destin.

Les victoires, les réussites, étincelantes.
Les bonheurs, les soutiens, vie itinérante.
Plénitude partagée de s'être enfin révélée.
Ce monde a besoin de toi, « l'ensoleillée ».

Alors, je te souhaite d'aller au plus loin.
Embellir avec ta joie, bannissant les chagrins.

De l'humour, par ton aura magnifique.
Apaisant les esprits d'autrui, féerique…

Iggy Pop

Iggy Pop, Iggy Poppy, Iggy Pop.
L'iguane sur scène, c'est top !!!
Cette silhouette désarticulée…
Cette voix de chaman, veloutée.

Regard bleu profond et intense.
Un mage unique de l'existence.
Dans sa musique éclectique.
Aux accents acido-électriques.

Iggy Pop, Iggy Poppy, Iggy Pop.
Génération artistique non-stop.
Un univers temporel subversif.
Tantôt transgressif ou instinctif.

Son âme se joue sur la scène.
Dans une ambiance éthylène.
Francophile aux feuilles mortes.
Souvent la littérature l'emporte.

Iggy Pop, c'est top.

Le parfait écolo

J'aimerais être le parfait écolo.
Tout faire à pied, sans « wago ».
Réduire un max ce qui attrait à l'eau.
Je n'y arrive pas…. J'suis pas beau.

J'aimerais être le parfait écolo.
Transporter les enfants avec un vélo.
Peu importe ce qu'annonce la météo.
Je n'y arrive pas… J'suis pas bobo.

Le monde du train me rend chagrin.
Le monde aéronautique me pique.
Le monde nautique m'est nostalgique.
Pas beaucoup d'entrain, c'est pas bien.

J'aime ma voiture de snobinard.
Avec elle, en route, pas de cafard.
C'est quand je veux que je pars !
Peu importe la saison, tôt ou tard.
J'suis un « has-been » de boulevard.
Avec une vraie dégaine de banlieusard.
J'aime mon style de vie snobinard.
La liberté individuelle à tout égard.

J'aimerais être le parfait écolo.
En obligeant les autres « de facto ».

Avec mes inspirations de démago.
Je n'y arrive pas… J'suis pas « show ».

J'aimerais être le parfait écolo.
Mais je prends l'avion pour Nassau.
Pour boire une flopée de mojitos.
Sans oublier mes petits cigarillos

Ah mon côté bobo du plateau…

J'aime ma voiture de snobinard.
Avec elle, en route, pas de cafard.
C'est quand je veux que je pars !
Peu importe la saison, tôt ou tard.
J'suis un « has-been » de boulevard.
Avec une vraie dégaine de banlieusard.
J'aime mon style de vie snobinard.
La liberté individuelle à tout égard.

Aux yeux de beaucoup, je suis ringard.
Ringard, oui, mais toujours peinard.

Plus une pige !

Nouvel anniversaire, plus une pige !
Réaliser et ressentir comme un vertige.
La fleur de la réussite en vestige…
Pas un pétale poussé, juste la tige.

Les couloirs du temps embouteillés.
Les chemins divins trop surchargés.
Je glisse vers l'avant étant obligé.
Brouillard intense dans les pensées.

Avancer dans un avenir déjà certain.
La chance en berne, survivre au destin.
Toujours plus difficile, chaque matin.
L'éternité de l'amour ou le vide du chagrin.

Chaque jour au soleil est un jour de gagné.
Personne ne sait le chemin de son éternité.
Entouré des gens que l'on ne cessera d'aimer.
Chaque jour au soleil est un sursis apprécié.

Quand les larmes se sont toutes asséchées.
Il ne reste que l'abnégation de ses réalités.
Danser sur le bord près d'un vide instauré.
Plus rien n'a d'importance, plus rien à sauver.

Être à l'écart des personnes moribondes.
Quand s'abat leur verve nauséabonde.

Tenir le coup à la manière de James Bond.
Elle est loin l'Humanité dans notre monde.

Nouvel anniversaire, plus une pige !
Les sourires de façades que l'on érige.
Le « faire-semblant » qui nous dirige.
Une stèle archangélique que l'on fige.

Le temple idéal

La piste de danse comme un ciel étoilé.
Où de nombreuses silhouettes bougent.
Cernées par des lasers télécommandés.
Au fond, un coin discret sous néons rouges.

La pénombre tapisse de mystères le lieu.
Des anges dévêtus, posés sur podium.
On peut se demander ce que dirait Dieu.
Aux quatre coins, des ballons d'hélium.

Une chaleur moite, promiscuité sensuelle.
Des êtres s'approchent, puis s'accrochent.
Des mots brefs sous emprise sensorielle.
Certains se fondent, d'autres décrochent.

Lieu pour tout excès, une dose d'ivresse.
Coincés entre amour propre et don de soi.
De l'auto-suffisance à la grande paresse.
Dans ce bocal enfumé, le sexe est un choix.

Le temple idéal pour des esprits libérés.
Où l'échange n'a pas son côté mercantile.
Il peut être si bon de se laisser désirer.
Où l'attachement émotionnel tient à un fil.

Certains passent quand d'autres restent.
Les affinités sont parfois un peu curieuses.

Au cœur ou à l'esprit, des pensées lestes.
Les âmes repartent comblées ou furieuses.

Puis la piste de danse n'est plus éclairée.
Quelques bruits brisent l'imposant silence.
Les voyageurs nocturnes se sont évaporés.
Vient le jour, avec une nouvelle flagrance.

C'est la fin de l'été

C'est la fin de l'été dans notre cœur.
C'est la fin de l'été dans notre esprit.
Une triste séparation, quelques pleurs.
Aimer, pas facile, ressentir une agonie.

Les couchers du soleil se palissent.
Regarder notre bonheur s'éloigner.
Quand les soirées se refroidissent.
Rien à faire de plus, il faut accepter.

Ce dernier baiser de la main, lancé.
Jetant tout l'espoir de se retrouver,
Dans quelques mois, il faut l'espérer.
Un cœur aimant bat pour l'éternité.

La beauté d'un amour de jeunesse.
Quand tout est aligné sauf le départ.
Ces jours, ces nuits, bercés d'ivresse.
L'audacieux, le sulfureux, le phare…

Marquer notre vie de beaux souvenirs.
Nos prénoms écrits sur le sable chaud.
Puis se rappeler d'avoir voulu mourir,
Lorsque se quitter amenait ses maux.

C'est la fin de l'été dans notre cœur.
C'est la fin de l'été dans notre esprit.

Ancrer à jamais un souffle de bonheur.
Un moment merveilleux dans la vie.

À moi l'autoroute

À moi l'autoroute du plaisir…
À moi l'autoroute du désir…
Droit devant pour m'épanouir…
L'importance c'est de jouir…

Jouir de la vie, juste le bonheur…
Tant qu'il est en moi présent.
Jouir de la vie, à chaque heure…
L'extraordinaire, le firmament.

Et les soucis, et les maux, et les écorchures,
N'ont plus d'emprise sur mon état global.
Et les coups, et les vindictes, et les blessures,
Sont devenus des vestiges face à mon idéal.

À moi l'autoroute du plaisir…
À moi l'autoroute du désir…
Trouver des vies à embellir…
L'importance c'est d'éblouir…

Éblouir tous les mauvais esprits.
Et les réduire proche du néant.
Éblouir par volontés accomplies.
Sale temps pour sales méchants.

Souffle universel

J'ai roulé ma bosse dans différents pays.
Admiré des personnes empathiques.
Là, où les libertés s'échangent contre la vie.
Coincées par des malheurs empiriques.

La résilience comme souffle universel.
De belles pensées et de beaux rêves…
À l'abri, fébriles dans leur maison pastel.
Ils espèrent la joie d'une mince trêve.

C'est dans le silence que tout se joue.
Les rêves de demain sous le manteau.
C'est un poème de liberté qui se joue.
Nourrissant les esprits avec des mots.

Et les maux blessants de la dictature.
Sans oublier tous les coups physiques.
L'amour d'un rêve pour simple armure.
Ils espèrent des moments idylliques.

Avec mon regard usé d'homme libre.
Dans une compassion interrogative.
Observant leurs envies, leurs fibres.
Avec peu, ils vivent d'ondes positives.

À vous tous, êtres et peuples opprimés.
J'admire votre résilience silencieuse.

Vous connaissez le prix de vos libertés.
Face aux décadences fallacieuses.

Vous êtes « grands » par vos pensées.
Vous êtes « courageux » par vos actions.
J'espère toujours le réveil de l'Humanité.
Et j'écrirai toujours, pour vos aspirations.

Plaidoirie pour la Paix

Les avis sont juges pour les rumeurs.
Et les gens s'y jettent à corps perdu.
Acheter le malheur plus que le bonheur.
Tous se déchaînent à bâtons rompus.

Les foules grossissent sans réfléchir.
Des pensées insensées en bouche.
Ne voulant rien d'autre: faire souffrir.
Le plaisir avide de mettre sur la touche.

Du fond de leurs os, ils ont la haine.
L'esprit tourmenté, ivre de peines.
Prier, aiderait face à ce phénomène.
Apprendre à aimer, et finir par Amen.

Aimer c'est accepter nos différences.
Sans jamais vouloir en faire une offense.
Il n'y a qu'une ligne unique de défense.
Aimer est un souffle pour la tolérance.
Quelque soit le ciel, sa couleur intense.
Aimer c'est accepter nos différences.
Et sans ça, il n'existe pas de résilience.
Réfléchir pour inspirer l'indépendance.

J'ai traversé la vie comme j'ai pu.
En conservant l'espérance qui porte.
Ce poème est juste une mise à nu.

Une pensée d'amour, une idée forte.

Les gens devraient ouvrir les yeux.
Les complaintes ne mènent à rien.
Le temps est court, soyons heureux.
Côte à côte, tendons-nous la main.

Du fond de mes os, je plaide la Paix.
La lumière agréable aux doux reflets.
Les rires désamorcent de leurs faits.
Et les sourires tissent de bons effets.

Aimer c'est accepter nos différences.
Sans jamais vouloir en faire une offense.
Il n'y a qu'une ligne unique de défense.
Aimer est un souffle pour la tolérance.
Quelque soit le ciel, sa couleur intense.
Aimer c'est accepter nos différences.
Et sans ça, il n'existe pas de résilience.
Réfléchir pour inspirer l'indépendance.

Le temps fait grandir

Le livre du bon Dieu dans ta salle de bains.
T'es perdu en amour, en égo, en sentiment.
Ne plus savoir marcher, choisir un chemin.
Rien ne vient à toi, et tu ne vas pas de l'avant.

Les fausses excuses pour une latence vitale.
Ton regard d'ivrogne dans le reflet du miroir.
Tu mates la chronique mortuaire du journal.
Comme si tu attendais la fin de ton histoire.

T'as écrasé la dernière cigarette dans le cendrier.
T'as vidé la dernière bouteille de vin dans l'évier.
Mais t'es pas mieux, tu doutes, valorisant tes défauts.
Pourtant ton humanité est un remède à bien des maux.

Parfois, les mauvaises passes durent longtemps…
Une impression de radeau au milieu de l'océan…
Garder son calme, jouer un peu comme un enfant…
Le temps fait grandir, c'est ainsi inlassablement…

Mon Ami

Retour d'un voyage heureux.
Retour dans l'hiver rigoureux.
En ce terrible mois de janvier.
Quelques lignes sur un cahier.

Une semaine après, la froideur.
Deuxième lame dans ton coeur.
Ce bel amour qui t'a donné la vie,
S'est envolé au milieu de la nuit.

Mon Ami, je te souhaite le meilleur.
Après ces années vouées au malheur.
Il ne faut pas vivre dans le chagrin.
Ne pas oublier, et accepter le destin.
Mon Ami, tu as une force intérieure.
Qui t'aidera pour toutes les heures,
Survivre aux tourments, aller de l'avant.
Poursuivre la vie à pas de géant.

L'alcool n'est pas une aide.
Le tabac n'est pas une aide.
Le suicide pas une solution.
L'égo mène à notre révolution.

Dans la pénombre, y'a un soleil.
Celui qui porte, en toi sommeille.
Les aléas façonnent une richesse.

Bien mieux que l'opium et son ivresse.

Mon Ami, je te souhaite le meilleur.
Après ces années vouées au malheur.
Il ne faut pas vivre dans le chagrin.
Ne pas oublier, et accepter le destin.
Mon Ami, tu as une force intérieure.
Qui t'aidera pour toutes les heures,
Survivre aux tourments, aller de l'avant.
Poursuivre la vie à pas de géant.
L'avenir, c'est ce que l'on en fait.
Le devenir, un horizon triste ou gai.
Les fondations vitales ancrées en soi.
Savoir résister à tout, en restant soi.

À travers le temps

On peut toujours rejeter la faute.
Se défausser de nos erreurs.
Se victimiser en paroles hautes.
Mais il reste l'ombre sur le cœur.

Balayer le moindre remord.
Étouffer le moindre regret.
La vie offre ses coups du sort.
Personne n'échappe à ces faits.

À travers le temps, notre regard,
Se voit moche dans le miroir…
Faire la paix, annihiler son cafard.
Que garder de soi, de son histoire ?

Une prière heureuse pour autrui.
Un pardon sincère étant tendu.
L'être humain évolue durant sa vie.
Puis le destin donne son rendu.

Errer dans les couloirs du temps.
Vivre heureux avec une jolie vue.
Retrouver les bonheurs d'antan.
Condamner l'âme au monde perdu.

Comme la flamme d'une bougie,
Soumise au vent frais d'une église.

Agir pour ne pas avoir de nostalgie.
Avant qu'un diablotin ne nous brise.

Soigner notre chemin de son vivant.
Le respect, l'empathie, pour chacun.
Mesurer la portée de ses sentiments.
Face à ce monde fou, voué au déclin.

Embellir les journées, rendre la beauté.
Diffuser partout les couleurs de l'amour.
En un regard, transmettre pour l'éternité.
Être bon, être humain, tous les jours.

Paradis Artificiel

Matin automnal, partout du brouillard.
Perdu, j'ne vois pas autour de moi.
Impossible de s'orienter dans la rue.
Aller droit devant et prier la chance.

Cinq… Quatre… Trois… Deux… Un…
Décollage !

Je m'envole vers l'espace.
Les yeux pleins de larmes.
Un ressenti fort et fugace.
J'vais pas en faire un drame.

Toutes ces lueurs brillantes.
Bien au-dessus des nuages.
Fond perdu d'une vie résiliante.
Être terrible devenu être sage.

J'aperçois le soleil du réconfort.
Perception spatiale sensorielle.
Expiation des maux et des torts.
Bienvenue au Paradis Artificiel.

L'interrogation sur le bien-être.
Consoler l'esprit dans la douceur.
Aucune utilité de vouloir paraître.
Le cœur excommunie les douleurs.

Pour la première fois je suis bien.
Loin de toute cette triste humanité.
Sa verve violente pour seul destin.
Je suis heureux de m'être échappé.

Là où je suis arrivé, tout est beau.
La plénitude consolant mon âme.
La positivité, y'en a jamais de trop.
Enfin, j'ai trouvé mon coin calme.
Et je ne reviendrai jamais….

Être une amazone

Mon mascara coule sur les joues.
Je suis totalement finie, à bout.
Comment ignorer le moindre problème ?
Lorsque je vis contre moi, en dilemme.

On dit que la nuit entière porte conseil.
On dit que la littérature est un bon éveil.
Mais mon moral n'est pas une épithète.
Bonne ou mauvaise, je n'fais jamais la tête.

Que tombe la pluie toute la nuit,
Pour emporter au loin, mes soucis.
Mon gros doudou entre les bras,
Me réconforte comme le chocolat.

Être une amazone n'est pas toujours facile…

Mon oreiller comme meilleur confident.
Il sait mon passé, mon sort au présent.
Des versets philosophiques sur la peau.
Des adages parfois en faisant trop.

On dit qu'un rêve peut se réaliser.
On dit que l'aventure c'est d'essayer.
Mais le cœur ne se commande pas.
L'envie d'une nuit: un grand combat.

Que tombe la pluie toute la nuit,
Pour emporter au loin, mes soucis.
Mon gros doudou entre les bras,
Me réconforte comme le chocolat.

Être une amazone n'est pas toujours facile…

Si difficile

Je ne renoncerais pas à ma liberté.
Je serais toujours prêt à aimer.
Mais aujourd'hui le jour est triste.
Mon dernier amour en bout de piste.

Si difficile, oh oui, si difficile de l'admettre.
À chaque échec, je ne sais où me mettre.
Et pourtant, j'aime comme jamais auparavant.
Faire du mal, me fait du mal, inlassablement.

Mais je sais que demain sera un nouveau jour,
J'espère enfin, atteindre le bonheur en amour…

Je ne veux plus de situations ambiguës.
Mon esprit déprimé en a bien trop vécues.
Alors j'écris cette chanson à la recherche,
D'un amour en phase avec ce que je cherche.

Si difficile, oh oui, si difficile de l'admettre.
À chaque échec, je ne sais où me mettre.
Sûrement, mon exigence s'érige en constat,
Pour préserver, pour nourrir mon âme de joie.

Mais je sais que demain sera un nouveau jour,
J'espère enfin, atteindre le bonheur en amour…

Si difficile, oh oui, si difficile, de croire en l'amour

La méditation du bizarre

Une pluie d'étoiles s'abat sur la Terre.
Laissant le ciel sombre avec ses ombres.
Des feux à l'incandescence suprême.
Un morcellement digne de fin du monde.

Dans mon rêve ne vit que de l'éphémère.
Je peux virer tout ce qui m'encombre.
La réalité des cartésiens blasphèment.
Mon univers étrange: pensées profondes.

La méditation du bizarre sur un banc.
Allongé, tête tournée vers l'exosphère.
Je divague, et divague puis m'envole…
L'esprit épris d'une liberté extraterrestre.

La méditation du bizarre, du bizarre…

La nuit est un spectacle d'halos clairs.
Un délice musical de jazz urbain sombre.
Quelques fumerolles ont un stratagème,
Évaporer leurs venins grâce aux ondes.

Tachycardie subite sur le passé amer.
Les incantations grommelantes en nombre.
Une lueur pâle me susurrant « je t'aime ».
Le soi apportant du réconfort, une blonde.

La méditation du bizarre sur un banc.
Allongé, tête tournée vers l'exosphère.
Je divague, et divague puis m'envole…
L'esprit épris d'une liberté extraterrestre.

La méditation du bizarre, du bizarre…

« Terre nue »

Je sirote un jus de fruit, bien peinard.
Assis sur une chaise haute de bar.
Face à moi, trône un lac scintillant.
Des sommets dominent abruptement.

La jetée façonnée de pierres blanches,
Mène à un petit phare pour pêcheurs.
Un lieu poétique pour cœur qui flanche.
Pour âme expiatoire, libre à toute heure.

« Terre nue », pour une mise à nu.
Pour se remettre d'amours déchues.
Quand d'une aventure, tu finis déçu.
L'égo flottant comme un bout de tissu.

Quelques moineaux piquent les miettes,
D'une bonne gaufre au goût exquis.
Constat de la confiance qui s'émiette.
Autour de soi, les gorges vives de jalousie.

Alors coincé, je mets mes écouteurs.
Des douces mélodies berçant le cœur.
Philosophie de vie ; pas beaucoup d'études.
Je me guéris seul face aux coups rudes.

De jolis mots

J'aime les couleurs provençales.
Et l'ombre fraîche sous un olivier.
Quand chantent trois mille cigales.
Proche d'un moulin chandelier.

J'aime l'esprit, le lieu, son errance.
Perdu au milieu de paysages abîmés,
Dont le paysage offre l'espérance,
Pour le regard d'un voyageur blessé.

Passer lentement à travers les fourrés.
Marcher droit devant, au fil de l'eau.
Sentier parallèle, au cycle d'un passé.
Des romances contées avec de jolis mots.

J'aime écouter le vent dans le champ.
Cette traversée millénaire spirituelle.
Combien d'amours vécues par des gens,
Dans l'écrin craquelé, touffu, éternel.

J'aime cette solitude de Jardin d'Eden.
Quand les sourires s'érigent en stèle.
Loin de l'Humanité pervertie de peines.
Ici, le beau va de la terre jusqu'au ciel.

L'extase secrète de l'humain

Tous ces voyages qui trottent dans la tête.
Tous ces lieux merveilleux de joie et de fête.
Imaginer les silhouettes de la danse, élancées.
Le parfum de l'extase aime se faire désirer.

Dans une soirée privée en bord de plage.
Minuit passé, tout se transforme en mirage.
Les loups chassent les louves affriolantes.
Les plus coquines, les plus fascinantes…

Le consentement acquis pour l'aventure.
Ils s'enfuient dans la nuit, derrière des murs.
Les empreintes vocales amenées du désir,
Suggèrent d'intenses moments de plaisir.

Contemplation d'une harmonie sensuelle.
Des corps chauds, des glissements sexuels.
Ce long et bon frisson livrant une jouissance.
Transcendance extra pour fontaine de jouvence.

Engoncés dans un morne quotidien urbain.
Les néophytes attendent leurs instants romains.
Ces bacchanales secrètes sur fond d'orgies.
Qui amènent « joie et bonheur » dans leurs vies.

Ils cèdent à la tentation mais loin des regards.
Personne ne sait qui se cache dans leurs placards.

L'absence, l'occasion, la présence, des unions.
L'être humain façonne en douce, ses pulsions…

J'ai balancé

J'ai balancé mon coeur dans le lac.
Après avoir pris une bonne claque.
Déception d'un idéal pour rêveur écorché.
Un bon gratuit en suivant les pointillés.

Promeneur inconditionnel sur l'errance.
Le fleuve des regrets, toujours en partance.
Parcourir des destinations imaginaires.
Afin de contrer les traversées du désert.

Comme une lettre d'amour non oblitérée,
Finissant au rebut, sur une étagère déglinguée.
Aucune chance d'arriver jusqu'au destinataire.
Sans l'inspiration d'un amoureux de Prévert.

Les heures, les semaines et les mois passés.
Hormis la poussière, personne ne l'a remarquée.
Comme pour moi, stoïque sur un vieux banc.
J'ai compris la douleur d'un cheminement.

Les saisons passent, mon âme entasse,
Le florilège émotionnel dans ma carcasse.
L'usure d'un corps froissé par un sale amour.
Une chimère de plus en un temps trop court.

Une aire humaine

J'aime m'asseoir sous un arbre.
En cette après-midi automnale.
Les feuilles glissent avec le vent.
Et viennent habiller le sol froid.

J'aime m'asseoir sous un arbre.
Pour observer le soleil jaune pâle.
Et écouter les roseaux frissonnants.
Ce joli rappel de la nature pour soi.

Passer le temps sur un banc.
Une étendue naturelle lacustre.
Les belles couleurs de l'automne.
Plénitude d'un être si différent.

Passer le temps sur un banc.
C'est le départ qui nous frustre.
À chaque saison, l'ère monotone…
Qui, comme l'amour reste vivant.

Et si un jour, je me mets à rêver.
Sans regrets, je partirais d'ici.
Panser ma tristesse vers l'océan.
Et mon âme brillera plus que le soleil.

Et si un jour, je me mets à rêver.
J'agrémenterais d'un zénith, ma vie.

Je serais maître de mon temps.
Accompli pour le dernier sommeil.

Une aire humaine, un refuge, ailleurs…
À jamais là, où resplendirait mon coeur…

Je suis horrifié

Je suis horrifié par ce monde-ordure.
Pour seule inspiration: monter des murs.
La rue est risquée sans une armure.
La joie est plombée au fur et à mesure.

Je suis horrifié de la violence facile.
Venant briser les os des corps fragiles.
La vie au prix d'un battement de cils.
La sérénité s'efface au profit de la bile.

Le Monde dérive de plus en plus loin.
Une voiture à fond n'ayant pas de freins.
Personne ne trace un nouveau chemin.
Le Monde se terre, défiant son prochain.

Je suis horrifié du peu de considération.
Des vies humaines mortes sous du béton.
Le plus fort affirme qu'il a toujours raison.
Le plus malin compose avec autodérision.

Je suis horrifié par les actes inhumains.
En écologie, en sociologie, tout est vain.
L'espoir se mue inexorablement en chagrin.
Puisse une lumière prendre un autre destin.

Il y a ceux

Il y a ceux qui s'affichent.
Et d'autres qui se cachent.
Il y a ceux qui s'en fichent.
Et d'autres qui se fâchent.

L'humain, son image et son égo.
Voilà à peu près l'unique tableau.
Paraître sous son meilleur jour.
Personne n'est dupe du recours.

Nous sommes de basses personnes.
Qui se soustraient ou s'additionnent.
Quelques rares êtres exceptionnels,
Relèvent d'un niveau exponentiel.

Il y a ceux qui s'affichent.
Et d'autres qui se cachent.
Il y a ceux qui s'en fichent.
Et d'autres qui se fâchent.

Comme une comète dans le ciel.
Nous traversons le monde réel.
Le temps de façonner nos plaisirs,
Et de s'en faire de beaux souvenirs.

Nous idéalisons ce que nous sommes.
Tout se résume autour d'une pomme.

Vivre pleinement tous les moments,
En n'ayant pas conscience du temps.

Il y a ceux qui s'affichent.
Et d'autres qui se cachent.
Il y a ceux qui s'en fichent.
Et d'autres qui se fâchent.

Les hommes pleurent aussi

Ensemble, traversons le champ.
Observons la beauté naturelle.
En prenant un peu de hauteur.
Face à nous, la plaine immense.

Quel jour merveilleux, quel temps.
Pour une balade entre terre et ciel.
Nous, fragiles dans notre coeur.
Blessés par la fin d'une romance.

Les hommes pleurent aussi…
Déboussolés par d'autres vies.
Les blessures et les cicatrices.
Sont réelles, parfois complices.

Les hommes pleurent aussi.

Des histoires vides de sentiments.
Bourrées par des maux rationnels.
Dans l'apanage de vieux amants,
Naufragés d'amour obsessionnel.

Ami, soutenons-nous en marchant.
La vie est faite pour être vécue belle.
Le futur se crée avec le présent.
L'horizon se lit beau, au conditionnel.

Les hommes pleurent aussi…
Déboussolés par d'autres vies.
Les blessures et les cicatrices.
Sont réelles, parfois complices.

Les hommes pleurent aussi.

La fragilité apprend doucement,
Que l'abnégation est une ritournelle.
Une rengaine de bons sentiments,
Dont la vie est un grand carrousel.

Un matin grisâtre

Un matin grisâtre urbain.
Une chaleur persistante.
Perdu au bord du chemin.
Des pensées délirantes.

Les mots sur un air chagrin.
D'une musique déprimante.
Ne plus entrevoir le destin.
Dans la paresse enivrante.

Deux, mais seul à aimer.
L'ivresse pour existence.
De toi, j'ai toujours rêvé.
Mon unique espérance.

Mais tout ne suffit pas.
En amour vit l'étrange.
Aucune explication à ça.
Même pour les anges.

Triste matin douloureux.
Sans bonheur irradiant.
Un café, retour au pieu.
Pour tuer ce fichu temps.

Deux, mais seul à aimer.
L'ivresse pour existence.

De toi, j'ai toujours rêvé.
Ma terrible dépendance.

La fin de piste

Traiter l'ennui et sa solitude,
En s'installant face au soleil.
Avoir la fâcheuse habitude,
Broyer la joie, l'âme en sommeil.

Ne plus étreindre un corps.
L'enfer vécu, le mauvais sort.
Ne plus ressentir de désir.
Être vide, sans aucun plaisir.

À la vie monacale ultime.
À la vie monacale sans rime.
La découverte de l'errance.
Assombrir toute existence.

Et le jour d'après tu t'en fous.
Car le jour d'après change tout.
Trouver le bonheur d'un coup.
Et vivre encore comme un fou.

Tendre la main sans retour.
Sourire aux gens perdus.
Transmettre un peu d'amour.
Aider mais en finissant déçu.

Je n'ai rien à prétendre.
Je vis ma vie d'artiste.

Il n'y rien à attendre.
Sauf la fin de la piste

L'amour ne s'achète pas

Être seul dans la maison.
Se sentir un peu con.
Rechercher une raison.
Culpabilité ou compassion.

Millionnaire en argent,
Malheureux en sentiment.
L'amour ne s'achète pas.
Aujourd'hui, triste constat.

La muse s'est envolée.
Au diable les banalités.
Elle a compris la réalité,
L'amour ne peut s'acheter.

Quelques mois ou années.
Ont failli toute la sincérité.
Le couple s'est fissuré…
Et la dame s'en est allée.

Millionnaire en argent.
Malheureux en sentiment.
L'amour ne s'achète pas.
Aujourd'hui, triste constat.

Quand arrive l'ennui.
Une ombre dans la vie.

Une autre aura séduit.
Brisant les interdits.

Le droit d'être heureux.
Le droit d'être amoureux.
Se sentir un brin chanceux.
Un nouvel amour, à deux.

Aimer n'est pas facile.

La danseuse

Elle aime danser sous la pluie.
C'est ainsi qu'elle nous éblouit.
Voir ses mouvements corporels.
Une silhouette extra sensuelle.

Autant de grâce touchante.
Une douce fluidité défilante.
Un visage angélique séduisant.
Le désir de gagner sur le temps.

L'artiste joue sur les émotions.
Humble corps voué à la déraison.
Un numéro magnifique dévoilé.
Le génie artistique pour l'éternité.

La danseuse au charme inné.
Passant le temps à sublimer.
L'aura espiègle, l'âme envoûtante.
L'espoir d'une aventure naissante.

Du théâtre jusqu'au miroir d'eau.
Tout ce qu'elle propose est beau.
Virevoltante aux notes de musique.
Des thèmes créés par sa vie féerique.

La danseuse obnubilant mes pensées.
Au quotidien, je ne cesse de l'admirer.

Les jolis pas mouvants de ses ballerines.
La danseuse est devenue mon héroïne.

Pepito

Pepito, caïd de la rua bamba.
Bandido international de Cuba.
Une moustache, des pattes d'oie.
Un chapeau large, un esprit étroit.

Pepito adore les airs de rumba.
Il danse avec la ténébreuse Carla.
L'élégance décuplée en samba.
Sans oublier le velours de sa voix.

Pepito, muchacho de la Vida.
Terrorise le peuple de La Habana.
Avec son pistola 357 Magnum.
Il se la joue façon bonhomme.

Holà Pepito !!! Holà Pepito !!!
Il est topissime ton sombréro.
L'air rutilant de ta grosse moto.
Toi dessus, le parfait kit Légo.

Pepito paré d'un Perfecto.
Roule tout fier en 403 Peugeot,
Mais lui, c'est avec le cabrio.
Il collectionne les belles autos.

Mais en secret, Pepito aime les Pépitos.

Le prix de la vie

Un nuage clair au-dessus du lac.
Quelques gouttes succinctes de pluie.
Des mois blessants à être patraque.
Le blanc d'un discours pour la vie.

Aujourd'hui je mesure le prix de la vie.

L'amour naît d'un fantôme cruel.
Ses longues heures de tourments.
Le commencement se voit immortel.
Les blessures viennent avec le temps.

Aimer intensément se limite à une fois.
Quand la sincérité est brûlée par l'acide.
Quand ce qui est beau, devient un choix.
Alors, la chaise face à moi reste vide.

Aujourd'hui je mesure le prix de la vie.

Quand les baisers donnés sont ardents.
Quand les étreintes charnelles meurent.
Les gens tristes oublient le plus important.
Se consoler avec l'amour est un bonheur.

Notre monde avance inexorablement.
Oubliant, jugeant, menant au tout interdit.
Il supprime les émotions, les sentiments.

Amenant plus de malheurs dans la vie.

Aujourd'hui, je mesure le prix de la vie.

Un nuage clair au-dessus du lac.
Quelques gouttes succinctes de pluie.
Des mois blessants à être patraque.
Un même ressenti: monotone mélancolie.

Les actes d'amour

Les nervures boisées d'un banc vide.
Un visage mûrissant, quelques rides.
Des initiales gravées sur un large tronc.
Pâleur matinale, on sifflote une chanson.

L'amour de jeunesse s'échappe souvent.
Quelques souvenirs de temps en temps.
Parfois, l'esprit se noie dans la monotonie.
Les vieilles amours scellent la mélancolie.

Une histoire d'amour peut être n'importe qui.
Une histoire d'amour, n'est pas n'importe quoi.
Quand un soleil radieux bouleverse notre vie.
Quand les actes d'amour soufflent de l'émoi.

L'instant est un moment très important.
Que la mémoire s'empresse d'enregistrer.
Une forme de rappel possible au présent.
Jusqu'au jour où l'on finit par raccrocher.

Jeter des galets multipliant les ricochets.
Le côté lisse pour retenir notre fil sauvage.
Pas facile d'apprivoiser le moindre reflet.
Dans les courbures d'un temps trop sage.

Une histoire d'amour peut être n'importe qui.
Une histoire d'amour, n'est pas n'importe quoi.

Quand un soleil radieux bouleverse notre vie.
Quand les actes d'amour soufflent de l'émoi.

Ma muse

Allongé sur mon lit,
Pas loin de minuit.
Je pense, j'imagine.
Notre idylle divine.

Un silence acquis.
Un songe exquis.
Ta chevelure rouquine.
Aux reflets alcalines.

Muse pour ton élégance.
Muse pour ton appétence.
Ton regard envoûtant.
Mon esprit impatient.

Sensation et imaginaire,
Tout pour nous plaire.
Un monde de caresses,
vouées à notre ivresse.

Il est doux de rêver.
Ce sentiment léger.
Ton corps trop loin.
L'irréel soigne bien.

Muse pour ton élégance.
Muse pour ton appétence.

Ton regard envoûtant.
Mon esprit impatient.

Ainsi, pas de chagrin.
Pas de triste matin.
J'aime tant imaginer.
Ce bonheur partagé.

Mais tu ignores tout.
C'est simple, du coup !
Le jour, je te regarde.
La nuit, je m'attarde…

Muse pour ton élégance.
Muse pour ton appétence.
Ton regard envoûtant.
Mon esprit impatient.

La veille d'un éveil.
Une vraie merveille.
Toi, mon doux secret.
Moi, le moche reflet.

Ohh, ma muse…

Comme je veux

Un p'tit café, deux chouquettes,
Le goûter gourmand d'un plaisir.
Avec son plateau et sa silhouette,
La vendeuse esquisse un sourire.

Vendredi automnal, fin de journée.
Un petit moment à soi, apaisant.
Un lieu aux suspensions allumées.
Du bois, du métal, à l'abri du vent.

Laissez-moi rêver comme je veux.
Laissez-moi vivre comme je veux.
Chaque seconde est un bonheur.
Qui vient se loger sur mon cœur.

Une p'tite balade plutôt chouette.
Il est bon, il est doux, le plaisir.
Jongler avec des envies d'esthète.
Se parer de lin ou se parer de cuir.

Et comme après toutes les soirées,
Je retourne seul à l'appartement.
Demain, me viendra une autre idée.
Je la tenterai, bien évidemment…

Laissez-moi rêver comme je veux.
Laissez-moi vivre comme je veux.

Chaque seconde est un bonheur.
Qui vient se loger sur mon cœur.

Laissez-moi rêver comme je veux.
Laissez-moi vivre comme je veux.
Tout reviendra à la bonne heure,
Je l'espère du fond de mon cœur.

Je paie le prix

Je regarde à travers le hublot,
Le fracas des vagues de ma vie.
Le soleil s'éparpille sur l'eau.
Il brille fort, très loin de ma vie.

La musique forte dans les oreilles,
Je tente de solutionner l'infamie.
Les maux nocturnes me réveillent,
Que me reste t-il, dans la vie ?

J'ai donné tout ce que j'avais.
J'ai remis tout ce que j'espérais.
Je ne garde qu'un mince reflet.
Ce lointain confort qui m'apaisait.

Aujourd'hui, je n'ai plus rien.
Pieds nus, je marche en vain.
Savoir accepté l'actuel chemin.
Personne ne connaît son destin.

L'attente d'une nouvelle ère.
Meilleure, l'espérance de la vie.
Ainsi, je résiste face à l'enfer.
Pour être libre, je paie le prix.

Je paie le prix.

Le Lac du Bourget

Le lac, couleur vert bouteille.
L'eau limpide, une merveille.
Se balader le long du rivage.
Les belles roseraies sauvages.

Face à moi, la Dent du chat.
Entourée de nuages bas.
Le lac serait-il un vieux fumeur ?
Selon la saison et sa hauteur.

Sur un long ruban goudronné.
Les savoisiens aiment flâner.
Ils se croisent sans observer,
La nature chatoyante étalée.

Petit tour, autour du Lac du Bourget.
Quelques coins connus ou secrets.
L'immensité appelle à la retenue.
Poètes, rêveurs, badauds, Culs Nus.

Tout le monde veut une place.
Peu importe la rue ou l'impasse.
Venir s'étaler comme un lézard.
Arriver tôt pour partir le plus tard.

Le printemps: les senteurs des fleurs.
Le bonheur total aux mille couleurs.

L'été: les épices fumées, les grillades.
Un jeu ou une sieste, une jolie balade.

L'automne: les feuilles se colorent.
L'arrière-saison étincelante s'évapore.
L'hiver: le vent froid sur le lac gelé.
Le ruban gris devient blanc immaculé.

L'éternel recommencement…

Tout regard humain posé sur ce lac.
Ramène un souvenir dans son sac.
Notre fragilité tance toute réflexion.
Notre humilité s'ouvre à la méditation.

L'hymne à la vie lacustre en est la raison.
Le Lac du Bourget et ses quatre saisons.

La raison de ton abandon

Le dernier jour de septembre.
Au soleil pâle, timide et chaud,
Le souffle doux d'un vent fragile.
L'immensité lacustre face à moi.

Se réveiller et quitter la chambre.
Abandonner l'étang des maux.
Se projeter dehors, c'est facile.
Mais l'ennui grandit loin de toi.

Quelques pas lourds sur la voie.
Quelques trémolos dans la voix.
Mon coeur s'étouffe de l'abandon.
Tu ne m'as jamais offert la raison.

La raison de ton abandon.

La couleur verte de l'eau du lac.
Ce petit coin romantique à souhait.
J'aimais contempler tes yeux.
Je me nourrissais de tes sourires.

Le mal d'amour me rend patraque.
Doux moments et beaux reflets.
Deux âmes unies pour un feu.
Que le désir latent a fait mourir.

Quelques pensées vite échappées.
Quelques messages vite effacés.
Mon coeur s'étouffe de l'abandon.
Tu m'as jamais offert la raison.

La raison de ton abandon.

Les êtres humains

Pars ! Pars, par où ?
Pars ! Pars, par où ?
Pars ! Pars, par où ?
Pars ! Pars, par où ?

À chacun sa trajectoire,
À chacun sa destinée.
À chacun son histoire.
À chacun sa liberté.

Personne ne sait réellement,
Où son âme se posera finalement.
Le vent souffle où il le veut.
Notre esprit fait juste, ce qu'il peut…

Pars ! Pars, par où ?
Pars ! Pars, par où ?
Pars ! Pars, par où ?
Pars ! Pars, par où ?

À chacun son amertume.
À chacun son ressenti.
À chacun son écume.
À chacun sa fantaisie.

L'intelligence humaine mal aimée.
Abîme bien trop notre Humanité.

Où vivre heureux sur notre Terre.
Les blessures profondes indiffèrent.

Il est temps de rentrer…
Mais où rentrer, où aller…
Toujours ce poids de la vérité…
Les êtres humains ne savent pas s'aimer.

Les êtres humains ne savent pas s'aimer.
Les êtres humains ne savent pas s'aimer.

SOMMAIRE

- Oh, Molly !
- Comme mon dernier
- Au royaume des roses
- Féerique
- Iggy Pop
- Le parfait écolo
- Plus une pige !
- Le temple idéal
- C'est la fin de l'été
- À moi l'autoroute
- Souffle universel
- Plaidoirie pour la Paix
- Le temps fait grandir
- Mon Ami
- À travers le temps
- Paradis Artificiel
- Être une amazone
- Si difficile
- La méditation du bizarre
- « Terre nue »
- De jolis mots
- L'extase secrète de l'humain
- J'ai balancé
- Une aire humaine
- Je suis horrifié
- Il y a ceux
- Les hommes pleurent aussi

- Un matin grisâtre
- La fin de piste
- L'amour ne s'achète pas
- La danseuse
- Pepito
- Le prix de la vie
- Les actes d'amour
- Ma muse
- Comme je veux
- Je paie le prix
- Le lac du Bourget
- La raison de ton abandon
- Les êtres humains

RECUEILS ÉDITÉS:
« BAPTISTE LE LUNAIRE & ELFAR SKÁLD »

Jean-Baptiste YSCHARD est l'auteur de l'intégralité des recueils « Baptiste LE LUNAIRE & Elfar SKÁLD »

Recueils Baptiste LE LUNAIRE

- Inspirations lunaires — août 2019
- Hier, c'est demain — janvier 2020
- Étoiles lunaires — mars 2020
- Voyages lunaires — août 2020
- Le temps d'une pause — août 2020
- Désordre Poétique Irrationnel — février 2021
- Le blues poétique — août 2021
- Quelques mots d'automne — octobre 2021
- Quelques mots en hiver — mars 2022
- Quelques mots printaniers — mai 2022
- Quelques mots en été — juillet 2022

Recueils Elfar SKÁLD

- Renaissance — septembre 2022
- Humanisme — novembre 2022
- Maniérisme — janvier 2023
- Itinéraire d'un poète libre — mars 2023
- Suspensions poétiques — avril 2023
- Même les poèmes s'effacent — juillet 2023
- Vénus: des écrits au féminin — juillet 2023

- Le bonheur: le mien, le vôtre   septembre 2023
- Les mots d'un excentrique   novembre 2023
- Poèmes en février   février 2024
- Un poème par café   avril 2024
- Les poèmes d'un flâneur   mai 2024
- Bouillon de murmures   septembre 2024
- Le Vingt-Cinquième   octobre 2024
- La Trilogie Skaldienne   octobre 2024
- Reviens me lire quand tu veux   novembre 2024

Elfar SKÁLD
contact: baptistelelunaire@gmail.com

Les photographies du recueil sont réalisées par Elfar SKÁLD..
Oeuvre originale écrite sans Intelligence Artificielle
100% Humain.

© - tous droits réservés - 2024

© Elfar Skáld, 2024

Édition : BoD · Books on Demand GmbH, In de Tarpen 42,
22848 Norderstedt (Allemagne)
Impression : Libri Plureos GmbH, Friedensallee 273,
22763 Hamburg (Allemagne)

ISBN : 978-2-3225-5349-5
Dépôt légal : Novembre 2024